ウオッチマン・ニー著

この世からの分離

JGW日本福音書房

初信者シリーズ 3

この世からの分離

聖書：出十・八―十一、二一―二六、十二・六―十一、三七―四二、Ⅱコリント六・十七

この世から分離することについての聖書の命令はかなり多いですし、旧約においての模範や教えも相当あります。バビロン、ソドム、カルデヤのウル、エジプトなどはすべてこの世の予表であって、この世の光景がどんなものかを見せています。エジプトはこの世の快楽を表し、カルデヤのウルはこの世の宗教を表します。バベルの塔はこの世の混乱を表し、ソドムはこの世の罪悪を表します。人はエジプトから離脱すべきですし、またアブラハムのようにカルデヤのウルから出てくるべきです。ロトはソドムに行き、イスラエルの民はバビロンに陥れられましたが、みなその中から出てくるべきでした。聖書は四つの異なる場所をもってこの世を表し、同時に人はどのようにこの世と分離すべきかを、神の子たちに見

せています。

一　イスラエル人がエジプトを出る予表

A　贖いの結果が出ることである

神はイスラエル人を救うために、過越の小羊を用いられました。神の使いが出て来てエジプトのすべてのういごを撃った時、かもいに血があるのを見て、使いは過ぎ越しました。かもいに血がなければ、その家のういごは殺されました。ですから、問題はかもいが良いか悪いか、かもいと柱に特別な部分があるか、その家の中に何か良い所があるか、ういごが親孝行であるかによるのではありません。問題は血があるかないかです。滅ぶか救われるかの区別は、家の暮らしむきがどうか、あるいは人となりがどうかによりません。それは血を受け入れたかどうかによります。救いの基本的な要因は血であり、あなた個人とは根本的に関係がありません。

わたしたち恵みを受けて救われた者たちは、みな血によって贖われました。しかし、覚えていただきたいのですが、血が贖ったらすぐに、身を起こして出発しなければなりません。尊い血で贖われたから、家屋を買って定住するということではありません。血によって救われた人はみな、その日の夜、出発しなければなりませんでした。夜中前に小羊をほふり、ヒソプをもって血を塗り、急いで食事をしました。食べる時は腰を引きからげ、手につえを取りました。それはすぐに出かけなければならなかったからです。

贖いの第一の結果は分離であり、出て行くこと、離れ去ることです。神が一人の人を贖われると、その人をそのまま元の所に放っておき、この世に住み続けさせられるということはありません。絶対にこのようなことはありません。どの人も、新しく生まれ、救われたなら、手につえを取って出発しなければなりません。滅ぼす使いが、救われる者と滅びる者とを区別するやいなや、あなたは出なければなりません。滅ぼす使いがあなたを分離するやいなや、あなたは身を起こしてエジプトを出なければなりません。

つえは歩く時に使う物です。つえを持ったままベッドに横たわる人は一人もいません。つえはまくらではありません。つえは道を歩く時に使います。贖われた人は大人であれ子供であれ、すべてつえを取ってその日の夜、出かけなければなりませんでした。血によって贖われたなら、その時に地上の寄留者、旅人となるのです。血によって贖われたなら、その時にエジプトを出て、この世からすぐに分離されなければなりません。あなたはそこに住み続けてはいけません。

ある姉妹が、子供の集会で一クラスの生徒を教えていました。ある時、彼女は金持ちとラザロの物語を話しました。彼女は彼らに尋ねて、あなたがたはラザロになりたいですか、それとも金持ちがいいですか、と聞きました。金持ちは今日、楽しんでおり、後になって苦しむ人です。ラザロは今日、苦しんでいますが、後になって楽しむ人です。あなたがたはどちらを選びますか？　一人の少女が、八歳ぐらいだと思いますが、立ち上がって、わたしは生きている時は金持ちになり、死んだらラザロになりたいです、と言いました。多くの人はこのようです。救われる必要がある時は、小羊の血に頼ります。しかし、小羊の血がわたしを救ったら、わたしはさらにしっかりエジプトに住み着こうとします。このようにわたしたちは両方とも欲しいのです。

血の贖いはあなたをこの世から救い出すことであることを覚えてください。あなたがひとたび血によって贖われると、あなたはすぐにこの世で旅人、寄留者となります。この世に住まなくなるということではなく、あなたとこの世との間に、直ちに分離があるということです。贖いが適用されると、このような結果が生じます。贖われたその時、あなたの道は変わります。あなたは必ずこの世を去らなければなりません。ですから、血は死人と生きている人とを分けます。血はこの世の人と神の子たちを分けます。あなたはもはやこの世にいることはできません。

B　パロは多方面で難題をもちかけて引き止める

イスラエル人がエジプトを出た時のことを見ると、彼らがエジプトを出ることは何と困難であったかを見ることができます。なぜなら、エジプトがずっと彼らを引き止めていたからです。イスラエル人がエジプトを出ようとした時、パロは男たちだけが行くことを許し、幼い者、老いた者は残るようにと言いました。パロは、老いた者、幼い者を残しておけば、男たちは遠くまで行くことができず、必ず帰って来ることを知っていました。サタンのたくらみは、わたしたちとエジプトが徹底的に分離することを好まないものです。そこでモーセは最初の時、パロの引き止める難題を拒絶したのです。なぜなら、一つのものを運び出さないか、あるいは一人の人を残して行ったなら、遠くまで行かないで必ず帰って来るからです。

パロが一回目にモーセに対して言ったことを、あなたは覚えているでしょう。あなたがたはエジプトで礼拝するがよい、エジプトで神に仕えるがよい、荒野に行ってはならない、と言いました。その後また、彼らにあまり遠くまで行かないように勧めました。三回目には、男たちだけが行くように提案しました。四回目には、人は全部行ってもいいが、牛や羊は残しておくようにと言いました。パロの方法は、エジプトで神に仕えなさいということでした。これが彼の基本的な思想でした。あなたがたは神の民となってもいいが、エジプトでそうしなさいということでした。彼は、人がもしエジプトで神に仕えるなら、この人には証しがないことを知っていました。彼は、人がもしエジプトで神に仕えるなら、この人はまたパロにも仕えなければならないことを知っていました。この人は神のしもべになろうとするのですが、サタンのしもべにもならなければならないのです。

この世で神に仕えようと思えば、必ずサタンの奴隷にもなってしまいます。そして彼のために、れんが作りをしなければなりません。ですから、彼はあなたを去らせないのです。去らせても遠くまでは行かせません。去らせるといっても男だけで、その他の人たちはエジプトにとどまらなければなりません。パロはマタイによる福音書第六章の言葉をとてもよく知っています。あなたの宝のある所に、あなたの心もあるからである。宝と心は一緒です。牛や羊をここに残せば、人は遠くまで行かずに、しばらく待てば人が牛や羊を追いかけて走って来ることを、彼は知っていました。しかし神は、牛や羊が人に従うことを願われました。神は、人が宝の事から救われることを願っておられました。

ですから、あなたは救われたなら出て行き、荒野へと行く必要があります。しかもすべての人を完全に連れて行き、すべての財産を完全に持ち出す必要があります。そうでなければ、エジプトに全部とどまることになり、エジプトと何の分離もなくなります。神の命令は、わたしたち神に仕える者は必ずこの世と分離しなければならないと言っています。

C　わたしたちの道は荒野の中にある

口でイエスは主であるとか、今日わたしは主を信じる者であるとか告白するだけの証しでは不十分です。あなたは彼らの間から出て、分離された人にならなければなりません。これは口でイエスは主であると告白するよりさらに一歩進んでいます。もちろん、口の利けないクリスチャンになってはいけませんが、言葉で言うだけでも足りません。あなたは、この世の人から分離されなければなりません。かつての友達を維持することはできません。かつての人情を維持することはできません。かつての関係を維持することはできません。わたしは今日、主の中での地位を大切にします。わたしはかつての地位から離れます、と言うことができなければなりません。人が出て行き、物も出て行きます。人はあなたのことをずいぶん愚かな者だと言うかもしれませんが、人に聞いてはいけません。今日あの場所から出て来たのです。あなたもわたしもクリスチャンになった後、道はエジプトにではなく、荒野の中にあります。

新約の言葉をもって言えば、エジプトはこの世を表し、荒野もこの世を表します。エジプトは体系化した意味でのこの世を指します。荒野は物質的、実質的なこの世を指します。わたしたちクリスチャンは実質的なこの世にいるのであって、体系化したこの世にいるのではありません。この世には二種類あることを見なければなりません。一種類のこの世は一つの場所であり、もう一種類のこの世は一つの組織です。多くの物があり、これら物質的な物と関係を生じます。きれいな物は人の目の欲をそそりますし、肉の欲、虚栄心を引き起こします。これはエジプトです。この世にはもう一つ別の意味があり、それは住む場所、物質的なこの世のことです。

D　道徳のこの世を離れる

今日わたしたちクリスチャンは、この世の制度、この世の組織から出てきました。今日この世を離脱したというのは、道徳のこの世を指しているのであって、物質的なこの世を指しているのではありません。わたしたちは、物質的なこの世からではなく、道徳のこの世から離れる必要があります。言い換えれば、わたしたちはやはりこの世にいます。しかし、この世は荒野なのです。

この世はわたしたちにとって何なのでしょうか？　D・M・パントンはとてもいいことを言いました、「わたしが生きている時は一本の道であり、死んだ時は一つの墓である」。信者が地上で生きている時、この世は一本の道にすぎません。信者が死んだ時、この世はその人を葬る墓にすぎません。わたしたちはこの世の人と分離されています。主を信じたどの人も、この世から分離されていなければなりません。

この世の人から見れば、あなたは荒野にいる人であり、あなたは旅人です。彼らこそこの世の人たちです。

E　わたしたちはこの世の寄留者、旅人である

わたしたちはこの世では寄留者、旅人であることを必ず見なければなりません。道徳的な世から言えば、わたしたちは出てきた人たちです。彼らはわたしたちを引き止めておきたいのですが、あなたがもしそこにとどまったなら、あなたは神に仕えることはできません。彼らはわたしたちと彼らがより近くなることを願うのですが、近づけば神に仕えることはできません。彼らは人を引き止めたい、財産を引き止めたいと思うのですが、引き止められたら神に仕えることはできません。

ですから今後、わたしたちの顔を約束の地に向けて行き、エジプトから分離しましょう。その分離の根拠は血です。あなたを買い戻したのは血です。血によって買い取られていないのは、エジプト人です。贖われていないのが世の人です。贖われた人たちは、別の世の人となります。ですから、この世を離脱しなければなりません。

仮に、あなたが時計屋に行って時計を買うとします。買った時計はどうなるでしょうか？　買ったその時に持ち去ります。時計を買ってそのままそこに置き、店の主人に、あなたが使いなさい、と言うようなことはしません。買えば、持ち帰るのです。買ったのであれば、持ち帰るのです。わたしが今日、米屋に行って十キロ米を買えば、その十キロの米はその店から持ち去られます。買えば、持ち帰るのです。覚えてください。血がわたしたちを買ったなら、わたしたちはこの世を離れなければなりません。人が主の血によって買い取られたなら、約束の地へと行かなければなりません。一人買えば、一人去ります。買われていない人は、出て来ません。買われるやいなや出て来ます。人が買い取られたなら、主に従って歩まないわけにいきません。主によって買い取られたなら、わたしはこの世を離れて主について歩まなければなりません。

二　どのような事においてこの世と分離すべきか

どんな事柄から出てくるべきかと、あなたは尋ねるかもしれません。どんな事柄がこの世なのでしょうか？　どんな事柄において、この世の人との区別があるべきなのでしょうか？　このことを言う前に、わたしたちの心、わたしたちの霊がまずこの世から出てこなければならないことを見る必要があります。人がもし依然としてこの世の人となっていたいのなら、以下のことは全部言う必要もないことです。なぜなら、百件の事柄から分離されたとしても、あなたという人がなおこの世にいるなら、それは少しも役に立たないからです。ですから、事柄の離脱は後のことであって、人の離脱、霊の離脱、心の離脱が先です。

人は徹底的にエジプトから出てきて、この世から分離されなければなりません。人がわたしたちを特別な人だと言うのを恐れてはいけません。それからわたしたちは一つの原則に基づき対処するのです。ある事柄では、わたしはこの世の人と区別があるべきです。ある事柄では、わたしはこの世の人と仲良くすべきです。故意に人と問題を引き起こすのではありません。家庭、職場、どのような場所にあっても、わたしたちは他の人ともめごとのない人にならなければなりません。今、五つのことを取り上げてみましょう。

A　この世の人がクリスチャンはやってはならないと見なす事柄

この世の人が、クリスチャンはやってはならないと見なしている事すべてから、わたしたちはみな離れなければなりません。クリスチャンになる時、まずこの世の人の立場に立って物事を見てみます。この世の人はクリスチャンについて、決まってそれぞれある意向、ある水準を定めているのです。もしあなたがこの水準に達していなければ、大変なことになります。一つの事をした時、未信者に、クリスチャンでもこんな事をするのですか、と言わせてはなりません。もしそのようであれば、あなたはおしまいです。人に一言非難されれば、おしまいです。例えば、ある場所で未信者に出会った時、彼は「クリスチャンでもこのような場所に来るのですか？」と言います。多くの場所に未信者は行きます。あなたがそれは正しくないと言っても、彼は間違っていないと言うでしょう。しかし、あなたが行くなら、彼は「あなたも行くのですか？」と問うでしょう。ある事柄は罪です。人がそれをしていても、彼は黙っています。しかし、あなたがそれをするなら、彼は非難するでしょう。ですから、未信者がクリスチャンはすべきでないと見なしていることを、わたしたちはすることができません。これは最小限の要求です。未信者がクリスチャンがするのは好ましくないと見なしている事柄からは、離れなければなりません。

ある青年たちは救われても、両親がまだ救われていないという場合があります。これらの子供たちが家で、ある物を欲しがります。すると両親は、あなたは主イエスを信じているのにこんな物が欲しいのですか、と言うでしょう。クリスチャンの行ないが未信者の矯正を受けるとは、全世界で最も恥ずかしいことです。アブラハムはうそをついて、アビメレクにとがめられましたが、これは全聖書で最も恥ずかしいことです。ですから、クリスチャンはすべきでないと未信者が見なしている事、クリスチャンはすべきでないとこの世の人が見なしている事、クリスチャンはすべきでないとエジプト人が見なしている事を、わたしたちはしてはいけません。絶対に分離されていなければなりません。

B　主との関係が一致できない事柄

さらに、どんな事でも主との関係が一致しないものは、すべて除き去らなければなりません。主はこの世でそしりを受けられたのですから、わたしたちはここで栄光を受けるわけにはいきません。主は地上で強盗と同じように釘《くぎ》づけられたのですから、わたしたちは人の歓迎を受ける者になるわけにいきません。わたしたちの主が地上を歩まれた時、悪鬼にとりつかれていると人に非難されました。わたしたちの思想が最上だとか、最も聡明《そうめい》であるとか、最も理性的であるとかと、人に言わせてはなりません。主が通られた道を、わたしたちも通る必要があります。ですから、主との関係が一致しないものはすべて除き去らなければなりません。

主は、しもべは主人にまさることはないと言われました。学生は教師よりまさることはありません。彼らがわたしたちの主人をこのように取り扱ったのですから、わたしたちに対する違う取り扱いを期待することはできません。彼らがわたしたちの教師をこのように取り扱ったのですから、わたしたちに対する違う取り扱いを期待することはできません。もしそうでなければ、わたしたちには問題があり、わたしたちと主との間の関係が何か間違っているのです。ですから、主が地上で経験されたことは、今日のわたしたちの経験となるべきです。

わたしたちがナザレ人イエスについて行くことは、そしりを受ける備えをすることであり、栄光を受けることではありません。ナザレ人イエスに従うことは、十字架を負う備えをすることです。主は、だれでもわたしについてきたいと思うなら、十字架を負い、わたしに従ってきなさいと言われました。主は玄関先でこの言葉を語られたのであり、部屋の中に入ってから言われたのではありません。あなたがまだ来ない前に、十字架を負ってわたしに従ってきなさい、と言われました。主があなたを来させられたのは、あなたに十字架を負わせるためです。わたしたちの歩む道はこの道であり、この一本の道によって主に従って行くだけです。主とこの世との関係が、あなたとこの世との関係にならなければなりません。それゆえ、わたしたちはこの世に対して、主と一致した関係を保つべきであり、異なったものであってはいけません。

ガラテヤ人への手紙第六章十四節は、十字架がこの世と主との間に立っているのを見せています。こちら側に主がおられ、あちら側にこの世があり、その中間に十字架があります。わたしたちの態度は、この世に対しては十字架を用います。この世は十字架をわたしの主に与えたので、この世は十字架のあちら側にあります。わたしは今日、主の側に立っていますから、十字架を通ってはじめてこの世に至ることができます。しかし、この十字架を通り越す方法はありません。なぜなら、十字架は事実であり、また歴史であるからです。わたしは事実を取り消すことはできませんし、歴史を取り消すこともできません。この世は十字架によってわたしの主を釘づけにしましたから、わたしは回り道をして行くことはできません。十字架が事実であるなら、この世がわたしに対して十字架につけられたことも永遠に事実です。十字架を取り消す方法がないのなら、この世が十字架上に釘づけられたことも、取り消すことはできません。今日、十字架を取り消さない限り、この世の側に至ることはできません。しかし、十字架はここにあって、通り越すことはできません。これは事実であり、わたしの主はすでに十字架上で釘づけられてしまったからです。今日わたしはすでに十字架のこちら側の人になってしまっています。

仮に、ある人の父母あるいは兄弟が殺されたとします。他の人が彼の所に仲裁しに来ると、彼は人がもう死んだのに、今さら仲裁もあるまい、人がまだ殺されていなければどんな話でも結構だが、人が死んでからでは話にならない、と言うでしょう。同じ原則で、十字架はもうすでにここにあるのですから、今さら何を言うことができましょう。この世はわたしの主をすでに十字架につけてしまったのですから、今日わたしは主の側に立っており、わたしは、「この世よ、おまえはその位置からわたしを見るがよい。わたしは十字架につけられた。わたしは自分が立っているこの位置からおまえを見よう。おまえも十字架に釘づけられたのだ」と言うことができるだけです。今日、両側を行き来することはできません。あなたがこちら側に来ることはできませんし、わたしがそちら側に行くこともできません。十字架はやはり事実です。十字架を取り消すすべがないとしたら、この世をこちら側にもたらすすべもありません。わたしの主はもう死なれたのですから、その方法はありません。

十字架を見る時、「わたしは十字架を誇ろう」と言うことができます。なぜなら、わたしについて言えば、この世はすでに十字架に釘づけられたからです。この世について言えば、わたしはすでに十字架に釘づけられました。永遠にわたって、十字架は歴史であり、十字架は事実です。あなたはクリスチャンですから、こちら側にいます。この世はあちら側にあり、中間を十字架が隔てています。ちょっと目を開ければ、見えるのは十字架です。この世を見たいと思えば、まず先に決まって十字架が目に映ります。

信じて間もない兄弟は、主の状況が自分の状況であることを見るほどまでに導かれなければなりません。多くの質問をする人もいます。この事をすればこの世に触れるのだろうか、あの事はやっていいのか、やってはいけないのか、などです。わたしたちは一つ一つについて語ることはできません。ただ一つの原則を与えることができるだけです。この世と十字架は相反するものです。この世とわたしたちの主とは相反するものです。ですから、もしあなたの心が開いており、神の御前で硬くなければ、主の御前に来るとすぐに両方の区別が自然にはっきりします。

何がこの世であるのか、何がこの世でないのか、主の御前に来さえすればわかります。この事において、わたしと地上におられた時の主イエスとの関係がどうであろうかと、一言尋ねてみればいいのです。あなたとこの世の人との関係が、主とこの世の人との関係とが同じであれば、結構です。あなたの地位と主の地位が同じでなければ間違っています。小羊は殺されました。そしてわたしたちは小羊に従う人たちです。わたしたちは小羊の行く所へはどこへでも従って行きます(啓十四・四)。わたしたちは主と共にこの地位の上に立っています。主と一つの地位に立たないものはすべてこの世であり、主の地位に相反するものはすべてこの世であるから、離脱しないわけにはいきません。

C　わたしたちの霊的命を消す事柄

何がこの世でしょうか？　一つ一つ指摘するのはとても難しいことです。それはきりがないからです。しかし、基本的な原則をつかむことはできます。主の御前での霊的命を消すものはすべてこの世です。ある事柄が神の御前で熱心に祈ることをさせないなら、それはこの世です。ある事柄が神の言葉への興味を失わせるなら、それはこの世です。人の前で口を開いて証しさせないようにする事柄は、この世です。ある事柄が、主の御前で隔たりを感じさせ、罪を告白する必要を生じさせるなら、それはこの世です。この世は雰囲気であり、その雰囲気はわたしを冷淡にし、萎縮させ、主を愛し慕う心を冷ややかにします。ですから、わたしの神の御前での霊的な状態を消してしまうものはすべてこの世であるという、広い意味での原則を得ることができます。それは必ず捨てなければなりません。

例えば、ある事について人は、この事には何も罪がないのにこの世の事と見なすのですか、と言うかもしれません。多くの事は、人から見てとても良い事です。しかし、やりすぎると、わたしの内側の火は燃え上がらず、良心は神の御前で弱くなってしまいます。その事をした後、聖書を読んでも味わいがありません。時間がないわけではないのに、読めないのです。その事をした後、人の前で証ししようとしても、内側がからっぽで言葉がないのです。ですから、罪があるかないかの問題ではなく、その事がわたしの霊的命を消すかどうかです。霊的命を消すものはみなこの世であり、神の御前で必ず完全に拒絶しなければなりません。

D　わたしたちがクリスチャンであることを表現させないすべてのもの

取り上げなければならないもう一つのことは、他の人々との関係です。いかなる社交的なこと、往来、宴会など、あかりを升の下に置くようにさせるのでありさえすれば、この世です。多くの社交的なこと、往来、宴会など多くの世間のつきあいは、あなたにあかりを升の下に置くようにさせ、クリスチャンであることを表現できなくさせます。彼らが話している時、あなたは体面を装ってそのまま聞いているか、そこで笑っていたりします。あなたは内側に圧迫を感じながら、顔では笑いますす。内側ではこの世であると感じますが、外側では同意してしまいます。内側では罪であると感じているのに、外側ではこれは正しいと言ってしまいます。このような状況で人と行き来してはなりません。多くの神の子たちが、社交や人との往来のゆえに、はっきり分離することができず、徐々にこの世の中に引きずり込まれてしまいます。

ですから、初信者の兄弟たちよ、あなたがたは最初に自分の立場をはっきりさせなければならないし、選ばなければなりません。わたしたちは故意に人との往来をやめるのではありません。わたしたちはバプテスマのヨハネではありません。食べない、飲まないわけではありません。わたしたちは主に従い、食べ飲みします。しかし、わたしたちが人と行き来する時、必ず自分の立場を維持します。人はわたしたちのクリスチャンとしての立場を侵害してはなりません。人はわたしたちクリスチャンの立場を尊敬することができるだけです。わたしがクリスチャンの立場に立っている時、あるいは人に批判させられるかもしれませんが、わたしはその立場に立たなければなりません。

わたしたちが真にこの世と分離した道を歩みたいと思うなら、毎回わたしたちが人と行き来する時、自分がクリスチャンの立場にあることを表すことができるように気をつけていなければなりません。もしクリスチャンの立場を表すことができないなら、離れ去ったほうがよいです。詩篇第一篇一節は、「罪人の道に立たず、あざける者の座に座らない人は」と言います。もし罪人の道を歩むなら、遅かれ早かれ罪人の場所に至ってしまいます。不敬虔《けいけん》な人と一緒に座るなら、いずれは不敬虔に染まってしまいます。罪悪と不敬虔は伝染するものです。わたしたちは病原菌を避けるように、これらから遠ざかることを学ばなければなりません。

E　弱い信者がしてはならないと見なす事柄

もう一つの事柄、つまりあなたのした事が良心の弱い人をつまずかせるなら、これもまたこの世であり、神の子たちは必ず離れることを学ばなければなりません。前の所で、この世の人がしてはならないと見なしている事柄を取り扱いましたが、今度は最も幼いクリスチャンがしてはならないと見なしている事柄について言います。わたしたちがすべきではないと未信者が思っている事を、もしわたしたちが行なうなら、すぐさま証しを失ってしまいます。同様に、最も幼い、最も弱いクリスチャンがしてはならないと見なしている事柄を、あなたもしてはいけません。これは聖書の命令です。強いクリスチャンがしてはならないと言っているのではなく、弱いクリスチャンがしてはならないと言っている事柄です。彼らの言っていることは必ずしも正しくないかもしれません。彼らがしてはならないと言っていても、実際はしていいのかもしれません。しかし、彼らの良心は弱いので、彼らをつまずかせ倒れさせてはなりません。彼らは、あなたが間違った道を歩いていると見なしているので、あなたが行なえば、あなたは彼らをつまずかせてしまいます。パウロは言いました、「すべての事がわたしに許されているのですが、すべての事が益になるのではありません」(Ｉコリント六・十二)。すべての事は許されていますが、彼らがこの世であると見ている事柄を、わたしたちは彼らのゆえに慎むのです。

パウロは、肉を食べることの例を語っています。彼は、もし肉を食べることがある兄弟をつまずかせるのであれば、決して肉を食べることはしないと言いました。これはたやすいことではありません。だれがいつまでも決して肉を食べないことなどできましょう? パウロの言葉は、肉を食べてはいけないことを主張しているのではありません。彼はテモテへの第一の手紙の中で特別に、肉食を断つことは誤りであることを言っています。しかし、彼は極端なまでにやる気持ちがあることを見せています。彼にとっては、肉を食べても、肉を食べなくてもどうでもいいのです。しかし、あなたには節度があっても、あなたに従っている人たちには節度がありません。あなた自身はどこまで行ったらやめるべきかを知っていても、あなたに従っている人たちにはわからないのですから、行き過ぎたらどうしたらよいのでしょうか？　あなたが肉を食べるのは構いませんが、しばらくするとあなたに従っている人たちが、寺院に行って供え物の肉を食べ、偶像を礼拝するかもしれません。ですからわたしたちは、多くの事柄は本当はこの世と関係ないにしても、他の人がそれをこの世と見なしているゆえに、注意しなければなりません。

三　この世から出て来ればすべてに十分な主によって受け入れられる

コリント人への第二の手紙第六章十七節から十八節で主はわたしたちに言っておられます、「それゆえ、『主は言われる、彼らのただ中から出て、分離されよ。また汚れているものに触れてはならない。そうすれば、わたしはあなたがたを喜び迎えよう』。『そして、わたしはあなたがたの父となり、あなたがたはわたしの息子、娘となると全能の主は言われる』」。

新約の中で、コリント人への第二の手紙第六章にきてはじめて、「全能の主」と言われています。この「全能の主」は、ヘブル語では「エルシャダイ」です。「エル」は神であり、「シャ」は母親の胸あるいは乳であり、「シャダイ」は乳があるものという意味です。ヘブル語でシャダイは、「すべてに十分な」という意味です。旧約で「全能の神」と言われている言葉も、すべてエルシャダイであり、それは「すべてに十分な神」と訳すべきです。母親の乳は子供の必要です。母親の胸には乳があります。すべての供給は胸にあります。「シャダイ」の語根は「母親の胸」であり、その意味は、神にはすべてがあるということです。

コリント人への第二の手紙第六章十七節から十八節は、もしわたしたちが彼らのただ中から出て、汚れているものに触れなければ、神はわたしたちを喜び迎えてくださり、わたしたちの父となってくださると言っています。わたしたちは彼の息子、娘となると、すべてに十分な主は言われます。この言葉は口先で言われたものではありません。主は言われます、「あなたがたはわたしのゆえに多くのものから離れた。彼らのただ中から出て、彼らから分離し、関係を断ち、清くないものに触れず、両手はからっぽで何もなくなってしまった。あなたがたがこのようにしたのだから、わたしはあなたがたを喜び迎える」。

主が喜び迎えてくださったと感じる人はすべて、この世から分離した人です。多くの人が主の御前で、主が最高の宝であると感じないのは、万物をふん土と見なしていないからです。万物をふん土と見ない限り、決まって地上の物を宝としています。このような人は、神がわたしたちを喜び迎えられることも、神がわたしたちの父であり、わたしたちが神の子たちであることも、知りません。しかも、この言葉を語られたのがすべてに十分な主であることも知りません。あなたはここの「シャダイ」という言葉の特別な意義を見たでしょうか？「全能の主」という言葉がここで用いられているのは、人がすべてのものを捨て去る時、「シャダイ」としての神を必要とするからです。人は、すべてに十分な御父を必要とします。

詩篇第二七篇十節は、「わたしの父とわたしの母がわたしを見捨てても、エホバは必ずわたしを取り上げてくださいます」と言っています。言い換えれば、エホバがわたしたちの父となってくださいます。詩篇第七三篇二六節は、「わたしの肉と心は衰えますが、神は永遠にわたしの心の岩、わたしの分け前です」と言っています。すべての味わいはここから来ます。向こう側で捨てるものがあってこそ、こちら側で得ることができるのです。あの目の見えない人は、会堂から追い出されてはじめて主に出会いました(ヨハネ九・三五)。会堂にいたままでは、主に出会うことはできません。わたしたちが外に追い出されるなら、必ず主の祝福がわたしたちの上にあることを見るでしょう。

ですから、初信者はこの世から出てくるべきです。そうしてこそ主の甘さを味わい知ります。あちらで手放せば、こちらで主の味わいを感じ取ることができます。

この世からの分離

2012年1月10日　初版印刷発行　定価250円（本体238円）

著　者　ウ　オ　ッ　チ　マ　ン・　ニ　ー

発行所　ＪＧＷ日　本　福　音　書　房
〒151-0053 東京都渋谷区代々木1-40-4
TEL 03-3373-7202　FAX 03-3373-7203
（本のご注文）TEL 03-3370-3916　FAX 03-3320-0927
振替口座００１２０－３－２２８８３

落丁・乱丁の際はお取りかえいたします。

ISBN978-4-89061-616-9 C0016 ¥238E